LEO Y VEO

LAS HADAS

Ilustrado por Jordi Busquets

LAS HADAS

Las  viven en el 

encantado y son tan pequeñas

como las . Sus 

están en las . Hay

muchos tipos de : buenas,

 madrinas, de los ...

Todas tienen una  y saben

volar.

LA VARITA MÁGICA

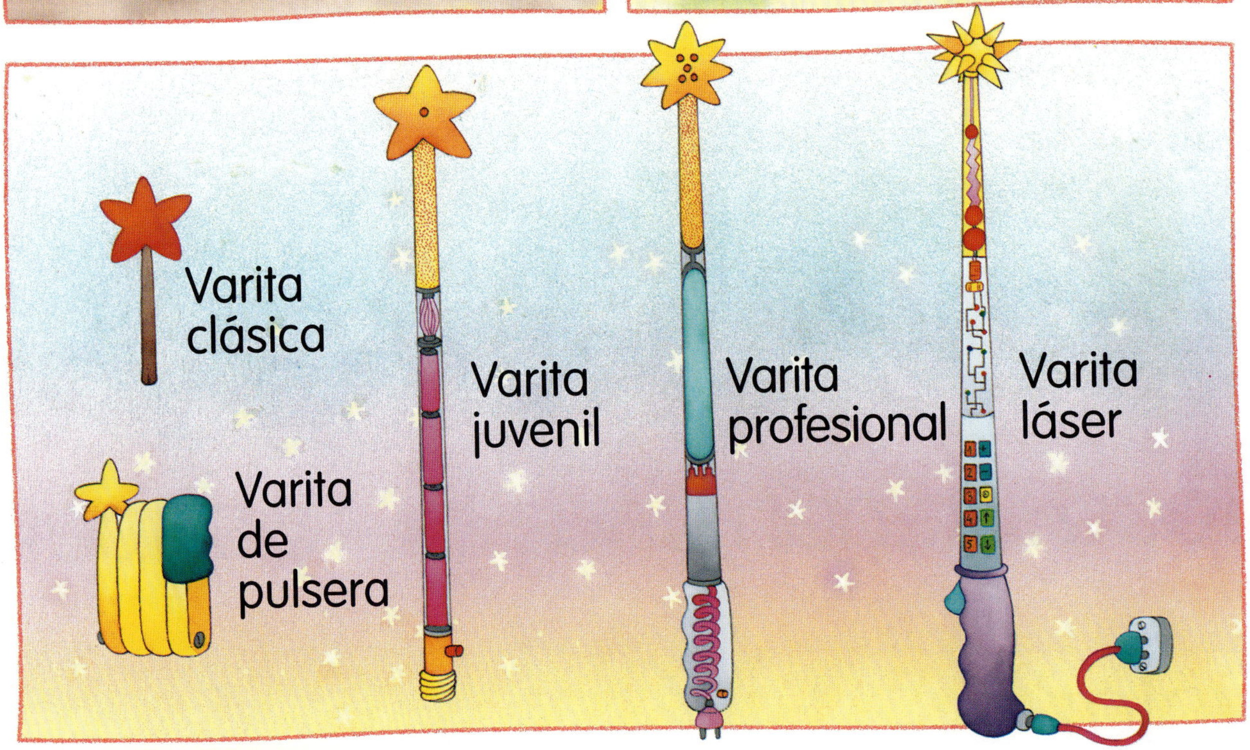

La  mágica es muy importante para las  porque con ella pueden convertir en  a las  encantadas por las  o enamorar a los . Hay  sencillas, pero también muy modernas, todas con  en la punta.

LOS TROLLS

A los  les gusta preparar una  de . Para eso salen de 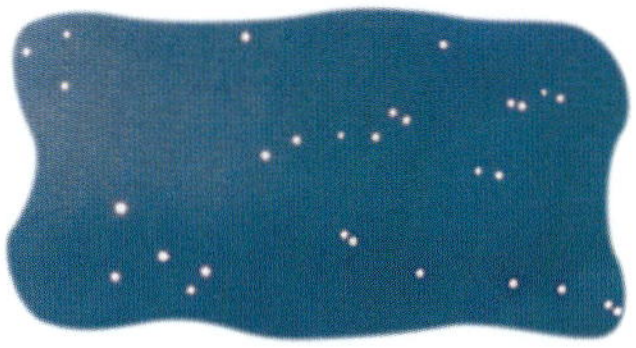, cuando no hay , para capturarlas, pero como ellas son listas, con sus  los convierten en  de  si no consiguen huir a sus oscuras 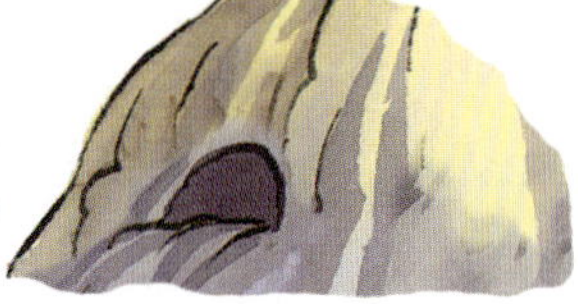.

FLORES COMEHADAS

Ya sabréis que los  se disfrazan de  en las  para capturar a las . También están las Comehadas, mitad  y mitad , que con su gran lengua las cazan, aunque ellas suelen engañarlas con .

Las  nacen

de las  .

LAS NINFAS

Una 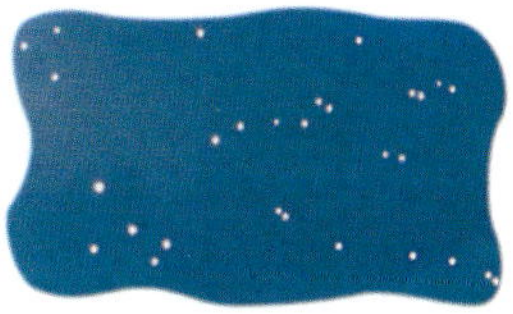 tenebrosa, el  sopló con tantísima fuerza que unas  fueron arrastradas hasta el , donde el gran  del mar las rescató.

Ahora las llaman Ninfas y cuidan de los , las ,  y demás seres del .

HADAS Y DRAGONES

Durante una gran 

cayó tanta  que inundó

el , apagó el  de

los  y mojó sus ,

no pudiendo volar.

Las  hicieron un gran

barco de  y los llevaron

donde lucía el .

HADAS FAMOSAS

Muchas  se han hecho famosas gracias a los  y leyendas: La Bella Durmiente y sus , aunque la Bella en realidad era una preciosa . También está el  de , a quien regaló un gran .

hadas

mariposa

bebida

ogros

tormenta

monstruo

cuento

casa

gnomo

hada

flor

langosta

ostras

ogra

fuego

Pinocho

pradera

noche

estrellas

alas

flores

bosque

varita

dragones

tarta

brujas

cueva

luna

príncipe

ranas

gnomos

troll

sol

fresas

peces

corazón

lluvia

mar

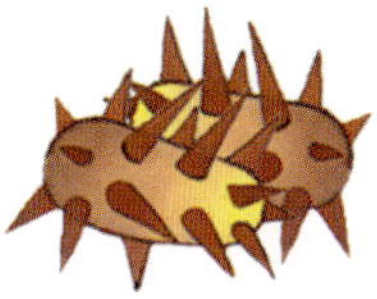
cardos

viento